Apprehender l'investissement immobilier

Introduction

L'homme a des besoins. Certains sont vitaux, d'autres sont secondaires ou encore inventés de toute pièce. Dans la pyramide de Maslow (échelle des besoins internationale), le besoin en logement est plus que primordial. Ce besoin vient se poser juste au-dessus des besoins physiologiques comme la respiration, ou encore le sommeil. Se loger est donc un besoin primaire et essentiel à la survie de l'espèce humaine. Se loger, c'est obtenir un point d'accroche dans sa vie, c'est obtenir une sécurité certaine. L'homme a compris cela depuis la nuit des temps. Et ce besoin grandit lui aussi. Aujourd'hui, le logement est devenu indispensable, et se loger devient de plus en plus dur parce que la démographie augmente sur le globe. Comment avons-nous fait pour nous loger jusqu'à lors ? Par quel moyen nous avons transmis les biens immobiliers de particuliers en particulier ? Et comment nous nous transmettrons ces actifs à l'avenir ? Tel est l'enjeu du 21ème siècle. Au-delà de l'investissement pour la résidence principale, vous devez connaître les enjeux passé, présent, et futur, afin de bien vous loger, et de pouvoir loger d'autres personnes à votre tour. Le jeu immobilier est plein de rebondissements et de connaissances. Maîtriser ce domaine est donc important pour vous et vos finances. C'est pourquoi ce livre a pour vocation de faire de la pédagogie sur l'immobilier en général, et d'aider dans les choix que l'on peut faire dans le domaine de l'investissement immobilier locatif.

Malgré les enjeux de l'immobilier, et les outils disponibles pour investir dans la pierre, De nombreuses personnes ont encore peur. Ils ont peur de faire un investissement qui ne soit pas rentable, ils ont peur de ne pas savoir bien entretenir leurs maisons ou appartements, ou enfin, de ne pas avoir assez de temps pour s'en occuper. J'ai moi aussi eu cette angoisse au début. La clé réside dans l'apprentissage de ce domaine qui en plus, est incroyable ! Pour chaque angoisse, des stratégies et/ou des outils existent, pour subvenir à vos besoins et investir dans la pierre à votre manière.
Les personnalités qui réussissent dans ce monde possèdent de la pierre. Ces même personnes ont des vie bien remplie, et réussissent à maintenir leur patrimoine immobilier à flot. C'est donc une chose réalisable que d'investir dans la pierre, même pour les budgets moyens, des effets de leviers existent et permettent à des individus moyens de réussir. Evidemment, les personnes qui ne sont pas formées à l'immobilier ont plus de risques d'échouer que ceux qui ont étudié le marché et l'immobilier en amont. Mais plus une personne est renseigné sur l'immobilier et sur son marché cible, plus elle aura la capacité d'élaborer une stratégie adéquate sécurisée.

Le maître mot est la sécurité. Contrairement aux marchés financiers et autres actifs spéculatifs. La pierre est utilisable et utilisée par tous.

C'est un marché croissant qui procure la sécurité. C'est d'ailleurs cette même raison qui pousse la majorité des investisseurs à inclure une part de leurs capitaux dans des actifs immobilisés. La sécurité est présente car tous les hommes ont besoin de se loger. Comme je l'ai dit précédemment, c'est un besoin primaire, qui augmente avec le temps, la demande évolue plus vite que l'offre, c'est un marché tendu en faveur des propriétaires qui est établi depuis de nombreuses années.

Bien évidemment, il y a des crises financières, comme la crise des subprimes en 2008 qui a été provoquée en partie par les valeurs immobilières et leurs investisseurs, mais ces crises ont une temporalité courte dans l'histoire. Si l'on prend le sujet sur le long terme, l'immobilier est un actif croissant. Mais pour se rendre compte que c'est un actif croissant, et qu'il est sécurisé : Il est important d'investir sur le long terme.

L'investissement court terme est sujet à l'imposition plus forte, ainsi qu'un risque accru à cause des fluctuations de marché et des crises. Vous devez donc avoir une vision de long terme, au moins 25 ou 30 ans. Il en est de même pour les actifs mobiles. Trader une action sur 1 mois représente une compétence, un métier, et plus de 80% des traders court-terme perdent leur argent avant leurs premiers anniversaires d'activité selon l'INSEE. Pour l'immobilier, ce sont des sommes conséquentes, peu de personnes achètent des maisons dans un objectif court-terme. Mais il reste important de se dire que l'on investit sur le long terme. C'est primordial !

Acheter une maison ou un appartement représente une somme conséquente d'argent, les acquéreurs de biens ont cette vision long terme. mais ceux qui réussissent dans ce domaine, sont ceux qui appliquent au mieux les règles, et ne vendent que très rarement un bien. Pour la majorité des acheteurs, c'est une psychologie à part entière. Acheter un bien immobile, c'est transformer un stock en flux. L'argent qui dort dans les comptes en banque, ou mieux : l'argent de la banque, est utilisé pour amener un flux mensuel. Ce flux doit être augmenté continuellement, et c'est avec la vision long-terme que l'on obtient ce flux. Voilà pourquoi il ne faut pas vendre un actif trop vite, sauf exception.

Les actifs immobiliers sont utilisés par la plupart pour composer un revenu passif (ou presque). Si ce revenu doit être passif, il ne s'agit donc pas d'inventer un nouveau métier. Vous devez être capable d'analyser un marché, dans son secteur ou dans sa globalité, puis d'analyser les offres immobilières. Tous cela peut être en plus de votre travail quotidien. Vous devez acquérir des connaissances, mais l'objectif ne sera pas de vous créer un nouveau travail. Les transactions de maisons ou d'appartements demandent une rigueur et une connaissance. Mais une fois la connaissance acquise, et la stratégie appliquée, ces investissements ne demandent plus beaucoup de temps. Si ces tâches, et la gestion de vos biens vous demande trop de temps, il faudra penser à revoir la stratégie que vous suivez, ou alors déléguer vos tâches, ce qui est tout à fait possible, et c'est un mode de fonctionnement utilisé par beaucoup. Mais nous verrons cela dans un chapitre dédié…

La pierre est un objectif d'achat pour plus de 70% des français. En effet, la majorité de la population veut devenir propriétaire, que cela soit pour résider dans une maison, ou pour faire de la location.

Sans plus attendre, nous allons commencer à étudier les mystères et les aboutissants du domaine de l'immobilier locatif. Prenez des notes, réfléchissez aux arguments, élaborez vos stratégies, et agissez !

Note : Ce livre ne constitue pas un conseil en investissement, l'auteur de ce livre ne peut pas être tenu pour responsable de vos investissements. Un investissement quel qu'il soit, peut engendrer des pertes partiel ou totale de votre capital.

L'histoire de l'immobilier

Contrairement aux marchés financiers, ou encore aux crypto-monnaies qui sont relativement jeunes. Le marché immobilier est un besoin encore plus primaire. Par conséquent, c'est un besoin qui a vite été traité par les hommes. Depuis la nuit des temps, l'homme cherche à se loger. Le business immobilier est bien plus ancien que ce que l'on pense.

Partons du moment après guerre. La loi de 1948 régit les locations dans les immeubles qui sont construits avant cette date. Le montant à payer pour les locations sont fixé par l'état. Et les rentabilité sont plutôt faibles. En revanche, cette loi de 1948 a créé une liberté pour les constructions neuves ou rénovées. La construction d'appartements ou de maisons a été favorisée, tout cela pour reconstruire les territoires détruits par la guerre.

En 1960, une vague d'imigration est arrivée en France, venant d'algérie essentiellement. Le prix des loyers a bien augmenté, et la file d'attente pour visiter les immeubles et maisons était complète. Il y avait une demande trop importante, ce qui a fait monter les prix de l'immobilier. Les prix des logements se sont ensuite stabilisés. Durant ces années, des lois ont été émises. Ces lois régissent la copropriété (1965) et les professions immobilières (1970). Les années 1960-1980 sont aussi appelées "les 20 glorieuses de l'immobilier" dans le jargon.

En 1980, la loi Quillot régit les relations contractuelles entre les locataires et les propriétaires. La durée d'un bail est alors de 3 ans obligatoirement.

En 1990 : Les prix des biens immobiliers s'emballe depuis maintenant deux ans. surtout dans la capitale, où les promesses de vente sont chères. La spéculation entretient la bulle qui se construit. En 1991, cette bulle éclate, et de nombreux acquéreurs sont bloqués à la revente de leurs biens, et finissent par vendre à -30% ou -40%. Les banques sont alors mêlées à l'histoire puisqu'elles réduisent drastiquement la capacité de crédit pour pallier la crise.

En 1996 : Il y a eu la loi qui favorise la construction immobilière, et la rénovation d'anciens logements, par la mise en pratique de la défiscalisation. Les constructeurs préféraient donc construire pour payer moins d'impôts. Cette loi est importante puisqu'elle est encore en vigueur aujourd'hui, comme de nombreuse lois de cette époque. Ce texte permet d'améliorer l'économie en faisant travailler les entreprises du bâtiments et les indépendants, et permet de rénover le parc immobilier français, pour faire face aux nouvelles normes. C'était la loi Perissol, Aujourd'hui les règles n'ont pas changé, mais le texte a été renommé avec les légères modifications, c'est le dispositif PINEL.

Cette même année, il y a eu la loi Carrez qui régit la protection des acquéreurs, notamment pour les copropriétés. Cette loi offre une sécurité aux acheteurs, et elle oblige le vendeur a une série code : sur la conformité des bâtiments, et sur les modes de constructions.

La décennie 2000 : Entre 1997 et 2001 : La bulle a maintenant explosé, les prix des habitations repartent à la hausse doucement. C'est entre 2002 et 2007 que les prix opèrent leurs plus grosses augmentations avec une multiplication par 2.5. Le taux d'intérêt à cette période est bas, et le temps de crédit maximal autorisé passe à 20 ans.

2008 : C'est le drame, une nouvelle crise éclate. -35% pour le marché du neuf, et -25% pour le marché de l'immobilier plus ancien. La crise financière des subprimes est incroyablement terrible pour la population, et de nombreux propriétaires et locataires sont durement touchés.
En 2010, c'est un nouveau rebond qui surgit dans le domaine, entre +10% et +15% de valeur dans la pierre, la crise s'efface petit à petit. Le marché est maintenant relativement stable, voire croissant. les français accordent de l'importance et de la valeur dans les habitations.

Depuis 2010 : La valeur immobilière est croissante. De nouveaux records sont battus concernant le nombre de ventes. Le sentiment du marché est favorable et les taux de crédit sont en baisse constante. La loi ELAN en 2018 a régi l'aménagement des biens et a ajouté quelques règles sur les copropriétés.

en 2020 : 80% des investisseurs possèdent au moins un bien immobilier. Et la crise sanitaire COVID-19 a confirmé l'immobilier en tant que valeur refuge.

Pour conclure, il faut relativiser : chaque crise financière touche le secteur immobilier, mais à chaque crise, il y a un rebond. L'immobilier est un secteur bien perçu en France. Et le besoin est croissant, c'est pour cela que les prix restent élevés par rapport au pouvoir d'achat des français.
Les crises non financières (sanitaires par exemple) ne semblent pas affecter le secteur immobile, mais plutôt le conforter et le sécuriser.
Concernant les lois, le plus gros du travail a été exécuté dans les années 1900. Aujourd'hui de nouvelles lois apparaissent, mais ce sont des changements mineurs qui ne font plus basculer le marché. Ce ne sont que des corrections semble-il, issue d'expériences massives de la population, locataire ou propriétaire.

La transaction immobilière et ses différentes étapes

La plupart des personnes sur la planète effectuent moins de 3 transactions immobilières dans leur vie, souvent pour la résidence principale. Seulement une minorité d'individus effectuent plus de 3 transactions, ces transactions sont utiles pour la résidence principale comme dit précédemment, mais surtout pour l'investissement locatif.

Avant 1700, les transactions de biens immobiliers s'effectuent avec l'État et leurs responsables, ou entre particuliers à l'aide de contrats écrits, plus ou moins officiels. La communauté française manque d'information sur le marché de l'immobilier dans ces périodes.
En 1818, la première agence de transactions immobilière indépendante a permis de structurer les transactions.
Depuis, les agences se sont multiplié, et les contrats écrit de ventes se sont officialisé par
des notaires et d'autres intermédiaires.
La transaction immobilière d'aujourd'hui s'effectue en plusieurs étapes :

- Diagnostics immobiliers

Avant d'émettre une offre d'achat, il faut se renseigner sur le bien en lui-même. Les diagnostics immobiliers sont des documents qui renseignent sur l'état du logement. Ces documents sont aussi disponibles pour les biens mis en location. Si vous êtes amené à louer un bien immobilier, il faudra rédiger ce genre de document.

Ces diagnostics sont présents dans un dossier de diagnostic technique, aussi appelé DDT.
Certains de ces documents sont devenus obligatoires avec la loi Carrez en 1997.
Dans le DDT, vous retrouverez les informations essentielles sur les caractéristiques techniques du logement. C'est une mine d'information pour les investisseurs. Nous allons revenir sur ces points plus tard.

Le diagnostic énergétique est présent, mais aussi le diagnostic amiante, celui de l'électricité, du gaz, des termites, du risque au plomb sont de la partie. Il y a aussi des documents sur les risques en catastrophe naturelle, l'état des installations générales et d'autres renseignements utiles.
Ces diagnostics techniques sont voué a renseigné sur l'état interne du bien. et à sécuriser la transaction, en protégeant le bien immobilier, ainsi que la santé des nouveaux propriétaires.

Ces documents ne suffisent pas à déclencher une offre d'achat, un bon investisseur devra se renseigner sur d'autres caractéristiques internes ou externes, nous verrons cela dans les prochains chapitres, mais sachez que vous pouvez retrouver des informations dans ces diagnostics.

- Offre d'achat

Si un acquéreur souhaite obtenir un bien, il peut émettre une offre d'achat à destination du vendeur. C'est dans ce document que l'éventuel acheteur indique sont souhait d'obtention du bien. Il s'agit ici de simplement formaliser les intentions. C'est ici que l'acheteur peut proposer un prix. Attention, une offre d'achat n'est pas un acte anodin : Que cela soit pour l'acheteur ou pour le vendeur !

Pour l'acheteur, s'il émet une offre et que celle-ci est acceptée, l'offre est alors considéré comme "formé", et la signature vient ensuite (un avant contrat, voir plus bas). Si le vendeur accepte la proposition d'offre d'achat. L'acheteur ne peut plus renoncer à ce contrat. Voilà ce que dit la loi, mais en réalité, l'acheteur peut renoncer à son contrat avec un délai de rétractation de 7 jours, ou alors si celui-ci dispose d'une condition suspensive, indiqué dans l'offre d'achat.

Il faut aussi indiquer que si l'acquéreur mobilise la maison ou l'appartement avec une offre d'achat au juste prix, puis renonce à son offre sans raison apparente, il peut être facturé pour les intérêts de garde de la maison.

Pour le vendeur qui reçoit plusieurs offres d'achat, il peut alors choisir la meilleure offre. mais attention, si une offre est reçue avec le prix juste de l'estimation de la maison, et/ou le prix voulu par le vendeur. Alors le vendeur s'engage à accepter cette offre.

Dans le cas où les offres sont en dessous du prix estimé, le vendeur peut simplement refuser l'offre, faire une contre-proposition, ou accepter. Attention également, les agences immobilières considèrent qu'une offre d'achat a une durée de vie d'environ 1 à 3 semaines, au-delà, et sans réponse : l'offre est considérée comme rejetée.

Sur l'offre d'achat, il faut spécifier au moins ces éléments :
- Le prix d'acquisition (principal)
- Le délai de validité de l'offre (pour la coordination)
- L'identité de l'acquéreur

- Accord entre les differents parti
Le vendeur reçoit les offres d'achat. L'acquéreur et le vendeur tombent d'accord sur la transaction à faire, et sont d'accord sur le montant de la transaction, ainsi que ses modalités. Les modalités peuvent prendre la forme de promesses de rénovations, ou de garantie sur les travaux.

- Signature d'un avant-contrat

L'étape suivante est la signature d'un avant-contrat, mais attention là encore : Tous les avant-contrats ne se valent pas. Il y a deux types d'avant-contrat : La promesse de vente, ou le compromis.

La promesse de vente est assez claire, son nom indique l'engagement du vendeur à vendre son bien à l'acheteur, à un prix déterminé dans l'étape précédente. L'acheteur obtient un engagement, c'est-à -dire une réservation du bien, qui s'étend en général de un mois à trois mois. L'acheteur achète ensuite le bien pendant la période de réservation de ce bien. Il peut ne pas le faire, mais doit alors payer des intérêts pour avoir immobilisé le bien, entre 5% et 10% de la valeur d'estimation de la maison, selon les acteurs et la demande du marché.

Le compromis de vente est assez explicite, vous allez comprendre la logique. Dans ce contrat, il est spécifié que les acteurs (vendeur et acheteur) doivent s'échanger le bien. Mais des clauses sont clarifiées. Il s'agit ici de conditions d'achat et de vente.
Dans ce contrat, l'acquéreur a un délai de rétractation de 7 jours. Voilà ce que peut préciser ce genre de contrat :
- Le bien sera échangé si et seulement si un prêt est accordé
- Le bien sera échangé après le procès en cours
- Le bien sera échangé si une analyse de l'amiante est rendu

C'est un engagement de vente, sous certaines conditions comme vous l'avez vu. Si le motif est prévu par le contrat, l'acheteur et le vendeur peuvent renoncer à la vente, ce qui est plutôt rare. Un autre cas arrive : celui où le bien ne s'échange finalement pas, pour un motif qui n'est pas évoqué dans le compromis. Dans ce cas là, l'acteur qui renonce au compromis peut être poursuivi en justice par la partie adverse.

La promesse de vente, et le compromis sont des contrats qui sont équivalents, mais qui sont préférables dans des situations particulières. Une personne qui attendra un prêt préférera le compromis de vente. Tandis qu'une personne qui a de l'argent mais qui veut obtenir un délai stratégique, préférera la promesse de vente.

L'avant contrat est défini, mais en réalité, il faut fournir également d'autres documents. C'est la loi ALUR qui oblige à préciser cet avant-contrat, pour le bien de l'acheteur. C'est donc au vendeur d'ajouter des documents.
- Dossier de diagnostic technique
- Certificat de la loi Carrez (quantification)
- Liste des travaux déjà effectué
- Situation personnelle du vendeur (status, identité, contrat de mariage,..)
- Droit de propriété (feuille d'impôt, titre de détention de bien)

- Document de copropriété (organisation des immeubles et règlement, situation des copropriétaires, carnet de bord de l'immeuble)

Il existe un troisième type de contrat souvent oublié : Le contrat de réservation. Ce contrat se met en place communément pour les nouveaux lotissements, ou les quartiers neuf. Ce contrat est similaire à la promesse de vente, a ceci près que l'acheteur doit déposer une somme de garanti (entre 2% et 5%). L'acheteur perd la garantie s'il s'oppose à la finalisation de la vente.
De l'autre côté, les propriétaires (souvent des communes ou collectivités pour les logements neufs) s'engagent à construire le bien dans un délai défini au préalable, puis à le céder à celui qui possède le contrat de réservation.

- Obtention du prêt

L'obtention du prêt est une étape primordiale pour celui qui souhaite lever des fonds auprès de sa banque, d'une autre banque ou d'un organisme de financement annexe. L'acheteur devra définir son projet pour que l'organisme de financement détermine sa capacité d'emprunt. La banque prépare le dossier ainsi qu'un rendez-vous, si la banque est en accord avec votre projet, elle vous obtiendra un "accord de principe" et un délai. Les fonds seront ensuite débloqués.

L'obtention du prêt est une chose à préparer bien en amont. Il est même préférable de calculer soi-même sa capacité d'emprunt, et même de constituer un apport, qui augmentera grandement les chances d'obtenir un prêt. Bien que ces prêts sont plus facilement donnés pour des crédits à titre d'investissements locatifs. Il est régulièrement nécessaire d'aller voir plusieurs banques pour constituer plusieurs dossiers. Si plusieurs organismes acceptent de financer les projets de l'investisseur, alors celui-ci est en position de négociation. C'est pour cela qu'un apport d'argent aide à la négociation de l'obtention d'un crédit, ainsi que son taux d'intérêt.

Dans le domaine des négociations immobilières. Il y a des courtiers immobiliers. Ces personnes cherchent et négocient des crédits à votre place, en échange d'une contrepartie. Ils obtiennent de bien meilleurs crédits que tous le monde, mais ils sont onéreux. C'est un calcul que vous devez faire : Est-il plus avantageux d'avoir un bon crédit et payer un courtier en immobilier, ou d'avoir un crédit avec un plus fort taux d'intérêt, mais pas de frais pour ce courtier ?

Que cela soit un courtier, ou un organisme de financement, l'acquéreur devra faire des simulation de financement. Ces simulations ont pour objectif de calculer votre capacité d'achat réel, et donc indirectement votre capacité à rembourser un crédit.

La durée maximale pour un crédit est de 30 ans, mais les banques tiennent compte de vos capacités ainsi que de votre âge pour vous proposer le meilleur délai.

- Signature de l'acte final

Après ces différentes étapes, vous pourrez procéder à la signature de vente finale. Tout est déjà établi au préalable par les différents documents. Le contrat signé est un simple résumé de ce qui a été mis en place précédemment. Ce contrat finalise la vente, et déclare que toute les conditions de vente ont été réunies, et que les deux parties sont d'accord pour s'échanger le bien.

Dans les transactions immobilières, le notaire joue un rôle important. A la fois un conseiller et un juriste, il fait preuve d'objectivité et est là pour sécuriser une transaction importante. C'est le notaire qui assemble les actes d'achat et de vente. Il vérifie l'authenticité des documents et s'assure de les conserver dans un lieu gardé. Le notaire officialise la transaction !
Le notaire a d'autres tâches, il peut vérifier l'état civil d'une personne, se mettre en relation avec les syndics, adresser des documents à la mairie et faire la liaison avec d'autres intervenants. Il peut prendre jusqu'à 10% du bien vendu, c'est un tarif élevé, c'est pour cela que les ventes ont la mention "frais de notaire compris", ou "frais de notaire non compris". Vous devez vous appuyer sur ces mentions pour calculer votre rentabilité en tant qu'investisseur.

Le notaire est également présent pour répondre aux questions, et reste très objectif : C'est un intermédiaire de confiance.

Note : Il faut savoir que d'autres possibilités sont disponibles pour échanger un bien immobilier. La méthode d'échange présentée ici est la méthode courante et traditionnelle. Mais des certificats de propriétés peuvent s'échanger via la blockchain ou les SCPI, ces modes de transfert sont encore très peu démocratisés, mais ils pourront devenir plus fréquents à l'avenir.

Votre budget

Le budget est un point important dans l'investissement immobilier, c'est la somme totale d'investissement que vous avez ou que vous pouvez obtenir pour un bien.
Il s'agit ici de calculer votre capacité d'achat, ainsi que vos capacités d'emprunt dans une banque ou via un organisme de financement.

Même sans avoir d'idée précise de bien, il faut s'orienter sur un secteur défini pour faire un budget prévisionnel efficace. Évidemment, pour un même budget, vous n'avez pas la même maison a paris ou à bordeaux, et l'ordre de grandeur de prix est également différent selon si vous vous orientez plutôt vers une maison de ville, une maison de campagne, un appartement, un terrain à bâtir ou encore un immeuble.

C'est pour cela qu'avant même de constituer son budget pour un projet futur, il ne faut pas hésiter à faire des visites de maisons similaires. Cela ne fera qu'enrichir votre savoir, en plus de vous forger un ordre de grandeur de la valeur des choses. Vous pouvez consulter des agences immobilières pour vous rendre compte des prix du marché dans un secteur défini, et pour aller plus loin, vous pouvez comparer ces prix, à des agences qui ne se situent pas dans votre secteur d'achat.

Une fois que vous avez en tête les prix du marché dans votre secteur cible. Vous savez combien d'argent il faudra réunir. Un bon moyen d'obtenir son budget consiste à faire une moyenne des prix du secteur, puis d'ajouter entre 10% et 15% pour pouvoir capter les biens situés dans la fourchette haute. Voici donc votre objectif !

Ceci est votre somme maximale, mais vous devrez chercher de bonnes affaires dans des territoires sous-estimés par exemple.

Un bien peut se financer avec de l'argent personnel, ou avec l'argent de la banque : c'est le prêt immobilier ! En réalité, les prêts sont financés par ces deux moyens avec un apport d'argent, puis un prêt à la banque. Cet apport est utile pour augmenter la capacité de crédit, et donc votre pouvoir d'achat. L'apport peut être issu de donations familiales, d'héritage, d'économie personnelle. C'est une somme d'argent qui doit être présente et disponible sur votre compte bancaire, à l'exception du Plan Épargne Logement.

Pour constituer votre budget, vous devrez estimer votre capacité d'emprunt. Ce qui vous aidera grandement pour cibler les biens immobiliers.
La capacité d'emprunt est calculée en fonction de vos revenus fixe et certains. ainsi que vos avantages. La banque ne prend pas en compte les revenus instable comme les primes par exemple.
Vous pouvez intégrer dans vos revenus : Le salaire, les revenus fonciers net, les revenus de produits financiers, les allocations familiales, les pensions alimentaires.
D'autres revenus peuvent être pris en compte, mais cela suffit pour une première estimation. Un autre estimation sera faite avec la banque plus tard.
Vous devez calculer les revenus annuels net, c'est à dire qu'il faut tous additionner sur une année, prendre en charge les taxes et impôts, puis diviser le tout par 12 pour obtenir le revenu mensuel moyen net.

La capacité d'emprunt est calculée en fonction de vos charges. Vous devez donc reprendre le système et calculer vos charges mensuelles moyennes nettes. Ceci comprend les crédits qui sont déjà en cours, mais aussi les assurances, les impôts que vous n'auriez pas pris en compte lors du calcul des revenus, électricité, chauffage, et autres charges fixes comme le téléphone ou les abonnements télé et Netflix !

Note : La banque fera attention à vos futures taxes liées à votre nouveau logement : frais de notaire, honoraire, frais de copropriétés,...

La banque tolère un taux d'endettement de 33% des revenus. C'est-à- dire que si votre revenus est de 1600 euros net moyen mensuel. vous ne pourrez pas payer plus de 528 euros de remboursement de crédit par mois. Ceci est bien sûr à compter en plus de vos autres crédits en cours.

Mais alors si la capacité est calculée en fonction des revenus, pourquoi faut-il prendre en compte les charges ? Eh bien parce que la banque fait attention a ce qu'il vous reste pour vivre, en fonction de vos charges fixes. C'est aussi comme cela qu'ils s'assurent que vous pouvez rembourser un crédit. Les banques font attention aux opérations sur les comptes bancaires, pour déterminer votre profil de gestionnaire d'argent.

Si nous reprenons notre exemple de 1600 euros net par mois, vous pourrez emprunter :

10 ans : 528 x 12 x 10 = 63 360€

15 ans : 528 x 12 x 15 = 95 040€

20 ans : 528 x 12 x 20 = 126 720€

25 ans : 528 x 12 x 25 = 158 400€

30 ans : 528 x 12 x 30 = 190 080€

Bien évidemment, ceci est sans apport. Un apport d'argent augmente cette capacité, avec un petit coefficient multiplicateur : C'est donc très avantageux.

Pour financer un logement locatif, vous pouvez hypothéquer un bien que vous avez déjà. Mais cette pratique est une discussion avec la banque, le principe est de mettre en garantie un bien que vous possédez. Si vous n'arrivez pas à rembourser votre prêt, vous pouvez faire l'objet de saisie. C'est un effet de levier puissant, mais aussi dévastateur parfois. Attention : il faut prévoir ceci avec la banque.

Pour préciser le dossier auprès des organismes de financement, il faut calculer le loyer potentiel que vous percevrez avec votre nouveau logement, puis de l'ajouter dans vos revenus pour mettre en avant ce point lors d'une négociation avec la banque.

Si vous voulez aller plus loin, vous pouvez même prévoir les impôts futurs avec votre bien immobilier. Prenez en compte les taxes de tous types, et les impôts que vous paierez (taxe foncière, impôt sur le revenu,... et si votre bien nécessite des travaux, ce qui est souvent le cas lorsque l'on achète un logement. Vous pouvez estimer la charge des travaux, puis calculer votre déduction fiscale liée aux travaux. C'est un point que vous pouvez mettre en avant lors de négociation : Faire des travaux est une plue value pour le bien, et une déduction fiscale. Vous devez donc proposer cet argument comme force de frappe supplémentaire.

Pour constituer un dossier et obtenir un prêt, il faut souvent persévérer, surtout au début lorsqu'il n'y a pas de fort revenu pour l'investisseur. Les banques sont évidemment moins confiantes et accordent moins de prêts. quatre solutions s'offrent à vous si vous avez des difficultés pour obtenir un crédit :

1. Augmenter l'apport, cela aidera toujours à obtenir des crédit plus facilement, les apports apportent de la confiance et de la sérénité aux banques.
2. Revoir ses objectifs à la baisse : Vous pouvez obtenir des crédits moins conséquents et commencer avec des petits bien au début ! Il ne faut pas confondre la taille du bien immobilier et sa rentabilité. Vous pouvez parfaitement avoir un bien immobile de faible valeur avec une forte rentabilité. Au contraire, cela vous aidera à vous améliorer dans votre recherche d'actifs.
3. Persévérer : Nombreux sont ceux qui ont des demandes de crédit refusées. Ces personnes peuvent entrer leurs demandes dans plusieurs banques. Si vous allez voir plusieurs banques en améliorant votre dossier a chaque itération ,vos chances d'obtenir le financement augmentent. Et

beaucoup d'investisseurs parlent à une dizaine de banques avant d'obtenir un crédit !

4. Opter pour un financement moins traditionnel : Vous pouvez aller voir une entité spécialisée dans les crédits immobiliers, et obtenir un crédit et/ou de bons conseils. Vous pouvez vous tourner vers des organismes de financement participatif, bien que cette méthode soit moins démocratisée pour le grand public. Ce sont de puissants leviers.

Les individus persistant et motivé obtiennent des crédits, les personnes qui ne persévèrent pas n'en obtiennent pas, ou obtiennent des prêts à des tarifs élevés. Les premiers prêts sont plutôt durs à obtenir, surtout si les actifs de l'investisseur sont encore inexistants. Alors persévérez, et vous allez gagner !

Si vous obtenez des crédits facilement, il sera judicieux d'emprunter une somme légèrement supérieure à la valeur du bien, pour couvrir le montant des travaux ou rénovation, cela apporte une sécurité supplémentaire pour démarrer avec le bien, cette méthode est largement répandu, n'hésitez donc pas à l'utiliser si vous avez une bonne capacité de crédit !

Analyser un territoire

Avant même l'utilisation du crédit ou d'argent, et avant d'acheter la maison, un investisseur en immobilier doit analyser le territoire.

Un projet immobilier, ce n'est pas forcément une habitation précise à acquérir. C'est une vision globale plus ou moins définie. Dans ce projet il y a des contraintes techniques, des contraintes extérieures, des objectifs, ainsi qu'un budget.
Nous avons déjà établi les bases de la constitution d'un budget pour financer un projet immobilier. Il nous faut maintenant voir un autre point du projet immobilier : l'analyse du territoire.

Le territoire est une contrainte extérieure au bien. La maison, l'appartement ou encore l'immeuble se situe dans un territoire délimité, c'est celui-ci qu'il faut analyser pour obtenir des informations sur la rentabilité future de l'investissement.

Mais comment analyser ce territoire ?

Un territoire doit être analysé sous plusieurs angles. Tout d'abord, vous devez analyser son emplacement dans la ville ou le village. Y'a t'il des commerces à proximité, ou encore un arrêt de bus pas très loin ? En effet, les petits commerces comme les tabacs, les boulangeries et les petits supermarchés font augmenter le prix moyen du territoire. La difficulté à se garer est à prendre en compte. Même si vous ne savez pas directement quel bien vous voulez obtenir, vous pouvez tout de même vous renseigner sur la facilité à se garer dans la ville ou le village.

Le coût de la vie dans la ville est une variable à prendre en compte. D'une ville à l'autre, les prix des stationnements peuvent être gratuit, ou très onéreux pour le locataire. S'il y a uniquement des commerces bio aux alentours, le coût sera plus élevé. Il peut y avoir des taxes locales, c'est cela qui doit être analysé pour obtenir le coût de la vie dans ce petit territoire, pour commencer.

Vous regarderez l'accès à l'essence, le prix des transports en commun, la difficulté de circulation en ville, mais aussi la tranquillité sonore et le vis à vis général avec les voisins.

Notez que des villes ont des restrictions. Si une commune a un panneau à l'entrée du village marqué "village fleuri", il peut y avoir des restrictions sur le jardin, ou encore sur la pollution lumineuse pour d'autres. Ce sont des contraintes mineures, mais qui influent sur un bien dans un petit territoire. Il ne faut pas oublier que la commune a aussi des droits et des devoirs, et qu'elle peut influencer le cours de l'immobilier dans sa propre ville.

Vous pouvez obtenir des avantages sur le long terme si vous investissez dans une ville qui veut s'étendre, et qui propose de plus en plus de services. Comme le service de ramassage scolaire, l'accès aux pharmacies et hôpitaux, le déploiement d'école, ou encore la mise à disposition de locaux poubelles.

Au-delà de la simple commune, vous pouvez analyser les secteurs par département. Car si beaucoup d'investisseurs se cantonnent à leurs départements ou régions, il y a des opportunités ailleurs. Néanmoins, les investisseurs débutants investissent dans leurs secteurs parce qu'il le connaissent bien, mais aussi parce qu'il veulent être à proximité de leurs bien, pour pouvoir intervenir rapidement sur celui-ci.

La région offre un cadre de développement pour le secteur immobilier. Certains départements offrent des subventions pour faire des rénovations, ou proposent des territoires de construction très alléchants.
Les départements les plus rentables en termes de politique de développement, sont ceux où il y a le plus d'entreprises actives. Ces entreprises favorisent le développement de l'immobilier. A ce propos : Vous devrez regarder le taux de chômage dans le département ciblé. Les individus veulent se loger, mais aussi pouvoir travailler sans partir loin.

La région peut être impactante pour plusieurs raisons, il y a le climat : Investir dans le sud ou dans le nord, ce n'est pas la même température. Mais il y a aussi le taux de délinquance dans la région, la proximité avec une préfecture, l'accès aux aides régionales pour les particuliers, la construction d'infrastructures à l'échelle départementale ou régionale, la politique de déploiement des lycées et bien d'autres encore. N'hésitez pas à contacter la région/département pour leur demander les informations qui vous manquent.

Analyser un bien immobilier

Après avoir analyser le secteur géographique, bien évidemment, il faut se pencher sur les biens en particuliers, c'est la partie la plus complexe parce que c'est la ou les erreurs coûtent les plus chères, mais c'est au cours de cette analyse que l'on repère un bien qui correspond à une attente particulière.

Après avoir repéré la maison (en agence, en se baladant ou autre), les investisseurs font généralement une visite globale des environs. Voyez cela comme une analyse géographique plus précise. Sans entrer dans la demeure, vous pouvez obtenir déjà des informations sur le bruit environnant, ou encore la facilité d'accès à la maison, ainsi que son état général vu depuis l'extérieur.

Mais après un ou plusieurs repérages, il faudra prendre contact avec l'agence qui s'occupe du bien, ou du propriétaire lui-même afin de procéder à une visite ! L'analyse du bien immobilier passe forcément par une visite des lieux, c'est la vision intérieure du bien.

Un rendez-vous pour une visite immobilière peut être effectué avec le propriétaire du bien, ou du personnel de l'agence immobilière, selon les conditions et la disponibilité, cette visite a pour objectif la bonne compréhension du bien immobilier par les acheteurs. Et certaines fois, ce sont des tiers (ni personnel, ni agence) qui s'occupent des visites.

Néanmoins, ces visites qui sont censées être objective ne le sont généralement pas vraiment. La personne qui fait visiter la maison essaie de mettre en valeur son bien pour le vendre. Le rôle de l'acquéreur est finalement aussi un rôle de détection des risques potentiels et des points négatifs.

Pour préparer une visite dans un bien immobilier…
Vous pouvez vous munir d'une checklist des vérifications à effectuer, ainsi qu'une liste de questions à ne pas oublier. Ces deux choses vous assure de ne pas passer à côté d'un fait important. Vous pouvez arriver en avance au rendez-vous pour commencer à faire le tour si c'est possible, et pour commencer à prendre contact avec vos interlocuteurs.

Vous pouvez prévoir un appareil photo, ou votre téléphone, et un stylo et du papier pour prendre des notes tout au long de la visite, ainsi que des photographies neutres et détaillées.

Certains professionnels n'hésitent pas à prendre des appareils de mesure pour se rassurer sur la qualité du bien. En tant que particulier, cela est peut être un peu trop, et demande du budget supplémentaire.

La visite du bien immobilier peut enfin commencer ! Il va falloir procéder en réalité à deux activités durant la visite, a savoir : la visite d'impression qui vous permettra de savoir si vous vous sentez bien dans l'habitation, et si le bien procure une bonne impression dans l'allure générale ; et la visite que j'appelle technique, ce sont les moments où vous allez devoir vous penchez sur certains points. Ces points techniques vous permettront de déterminer si le bien est correct techniquement parlant, s' il y a des travaux a réaliser ou non, ainsi que l'état précis du bien.
Un bien doit être acheté uniquement si les deux conditions de visite sont satisfaisantes pour vous. Vous devez obtenir une bonne impression du bien, mais les détails techniques doivent être à la hauteur de vos attentes. Certains veulent restaurer des biens, d'autres veulent des habitations neuves.

La visite d'impression s'effectue sans regarder les détails techniques, il s'agit ici de l'agencement des pièces, ou encore de l'ambiance dégagée par la maison. Une ambiance peut être amenée par la lumière entrante, par la matière comme le bois, ou encore l'architecture, le style de construction ou l'aménagement.

Lors de la visite dite "technique", il faut se pencher sur plusieurs points de vérification plus ou moins importants. Il convient de définir les points qui sont éliminatoire pour un achat potentiel, et de définir les bons points qui seront des plue-value pour vous. Voici les points de vérification pour regarder l'aspect technique d'une habitation.

- Nombre de pièce
- Toiture

- Travaux
- Voisin
- Bruit (trafic)
- Fissure (intérieur et extérieur)
- Matière
- Sol
- Fenêtre
- Ventilation
- Infiltration des combles
- Qualité/ergonomie du système électrique
- Fosse ou tout a l'égout
- Isolation phonique
- Isolation thermique (bilan énergétique)
- Escalier
- Etat du sous-sol
- Garage
- Type de chauffage
- Spécificité de la maison

Les deux types de visites s'effectuent en même temps. Il faut savoir regarder une habitation globalement pendant que la partie adverse la présente, et il faut savoir regarder les bons endroits pour jauger un bien. Il faut également poser des questions. Si une seule visite n'est pas suffisante, demandez d'autres visites. Les locataires et investisseurs effectuent plusieurs visites avant de prendre une décision, et cela est normal, un bien immobilier représente une somme conséquente, alors il ne faut pas avoir peur de revenir.

Après la visite du bien immobilier, c'est encore loin d'être fini, il faudra se rendre à la mairie pour obtenir des informations comme les plans et projets pour le quartiers, ainsi que l'évolution du prix au mètre carré. Ou encore le prix moyen des maisons aux alentours. Les mairies disposent de cadastres, de statistiques et de registres, qui sont des outils utiles à vos recherches.

Vous pouvez faire une simulation de location pour juger d'éventuels locataires. Cette astuce consiste à publier une annonce immobilière sur de grands sites web connus comme leboncoin ou Ebay.
Avant même d'être propriétaire, vous pouvez avoir un aperçu des demandes d'hébergement, ainsi que de l'attraction générale pour le bien immobilier actuellement en projet actuellement pour vous.

Que dire aux personnes qui répondent à une annonce factice ?

Ces personnes n'ont rien signé, et vous non plus, vous pouvez leur dire avec politesse après réponses des annonces, que vous faites une étude de marché afin de savoir si le bien immobilier peut être rentable. Ces annonces sont légèrement fourbe, mais permettent de passer rapidement à la pratique. Même une personne qui n'a pas encore de bien immobilier, et qui est encore hésitante à se lancer, peut faire cet exercice avec un bien immobilier lambda, afin de tatonner le marché, et également dans un but de gain de confiance sur le futur. Gardez les contacts pour plus tard dans le cas où vous envisagez un achat.

Des investisseurs poussent plus loin l'exercice avec une négociation du prix. En effet, ces annonces mettent en évidence l'attraction pour un bien immobilier, que celui-ci soit à louer ou à vendre. Mais ils mettent en évidence sa valeur puisque certaines personnes vont annoncer un prix dans leurs réponses : Profitez-en et cumulez des données. Toutes les données sont précieuses lors des transactions immobilières.

Le rendez-vous du côté du vendeur

Si vous voulez vendre votre maison, il faudra passer par l'étape de la visite, surtout si vous ne disposez pas d'agences immobilières, ou si cela n'est pas prévu dans vos contrats. Mais alors comment réaliser cette visite pour vendre la maison ?

Il faudra être très honnête avec les prospects qui visitent votre bien. Mais il faudra mettre en valeur les bons points de la maison ou du bien quelconque.

Pour ce faire, vous pouvez dresser une liste des choses négatives à dire, dans le but de ne rien oublier, et d'être honnête avec de potentiels futurs clients. Des clients mécontents représentent un risque de vente avec des conditions comme des travaux à effectuer, ou d'autres représailles que vous ne voulez sûrement pas obtenir.

Il faut ensuite établir un plan. Une réelle stratégie de visite pour que les visiteurs marchent sur le meilleur parcours possible pour la visite de la maison. Durant cette étape : il faut sélectionner les pièces à montrer en premier, puis les secondes, et les pièces optionnelles ou annexes. Il faudra trouver la meilleure position pour des prospects au sein des pièces en elles-mêmes.

Par exemple, si un angle de vue n'est pas bon dans une pièce. Pendant la visite, positionnez vous sur cet angle, afin que les visiteurs voient la pièce d'un autre angle, peut être un peu plus joli. Si les visiteurs veulent ensuite se déplacer, laissez-les faire, il faut qu'ils soient objectifs et qu'ils prennent beaucoup d'informations, c'est normal. Gardez en tête que la première impression d'une pièce, et généralement de la maison, compte beaucoup pour des acquéreurs.

Une autre astuce consiste à décrire des avantages qui sont non visibles sur le moment de la visite. Les agents immobiliers parlent souvent de l'isolation phonique ou thermique, de la dalle de béton qui est épaisse, ou de la qualité de la charpente. Il s'agit ici de dire la vérité concernant des informations que le prospect ne pourrait pas deviner pendant la visite. C'est en faisant cela que vous pouvez augmenter la valeur perçue dans la tête des visiteurs. Avec des informations réelles et vérifiables.

Analyser un groupement immobilier

Lors de l'analyse d'un groupe de logement (il peut s'agir d'un ensemble de box, ou un immeuble par exemple). C'est sensiblement la même chose. Il faudra analyser toute les caractéristiques que nous avons vu dans la partie précédente. Il faudra vérifier les parties communes ainsi que le bon cloisonnement des espaces.

Pendant une visite d'un groupement de bien, les agents immobiliers et les acteurs de la visite passent généralement plus vite sur les pièces, parce qu'il y a plus de choses à montrer au prospect. Votre rôle en tant qu'acquéreur est de bien observer chaque pièce, même avec le peu de temps que l'on vous accorde.

Si vous envisagez des travaux, regardez comment vous pouvez modifier le cloisonnement des espaces entre chaque locataire pour gagner en rentabilité. Par exemple, les maisons typiques d'amiens se divisent facilement en deux ou trois appartements. Cela ne coûte pas extrêmement cher, mais peut s'avérer très lucratif. Nous verrons cela dans une autre section : C'est la stratégie de la division.

Notez que les groupements immobiliers (centre commerciaux, immeuble bureau, immeuble d'habitation, ensemble de box ou de parking) sont favorisés par les investisseurs déjà expérimentés. Tout d'abord parce que le jugement de ce type de bien est potentiellement plus complexe, mais son prix est aussi plus élevé !

Analyser un parking

Les parkings sont des biens immobiliers spéciaux. Ils représentent des places uniques dans les villes et les campagnes, ou bien encore des ensemble de places couvertes plus ou moins grandes.
Selon la taille du parking, la difficulté d'analyse est variable. Les plus petits parkings sont plus faciles à évaluer. Si vous n'avez qu'une place de parking : Tout est plus simple, vous n'avez qu'un seul locataire, et le calcul ne comprend pas beaucoup de lignes. Mais si vous avez un hangar avec une suite de place de parking, il faudra calculer l'argent ou le temps nécessaire pour l'entretien de celui-ci, ainsi que le remplissage moyen annuel.

Si votre parking dispose de vingt place a 68€/mois:
Taux de remplissage plein annuel : 16 320 € brut
Taux de remplissage à 40% : 6 528 € brut

Selon le taux de remplissage, votre rentabilité est bien évidemment différente. Publier de fausses annonces est un très bon moyen de tester le marché des parkings.

Il est à noter que les places de parking sont souvent très simples en gestion, et ce type de placement intéresse ceux qui n'ont pas de temps.

Pour analyser au mieux un parking, le meilleur indice de performance est le secteur. C'est un point extrêmement important pour ce type de bien. Votre parking est t'il proche d'un lieu de travail connu ? ou proche d'un groupement d'habitation ? Votre parking est t'il protégé ?

Pour cibler la clientèle de votre bien, regardez comment sont les habitants aux alentours. Regardez qui vient stationner à différentes heures de la journée lors d'un repérage actif.

Les boxs sont aussi à analyser par rapport à leurs tailles, et surtout grâce à l'emplacement et à la demande du marché au sein de ce secteur. Les boxs sont similaires aux parkings. A Paris et dans les grandes villes, ces box représentent un marché en plein expansion. A paris, il se dit même qu'un box de 25 000€ peut être vendu dans la journée. Ces investissements en box sont donc aussi une alternative plus liquide comparé aux biens classiques.
Un box offre un rendement de 25% supplémentaire par rapport a un parking unique à ciel ouvert : Pensez-y !

Des box isolés de la chaleur et de l'humidité sont de très bons bonus à mettre en avant lors de vente ou de visite.

Analyser un box, c'est rapide, c'est surtout chercher à savoir combien y'a t'il d'espace exactement dans l'endroit, et comment facturer ce bien. Certains n'hésitent pas à mesurer précisément les box avec des mètres laser. Notez que l'espace en hauteur est apprécié.

Concernant la loi, les parkings et box sont à déclarer en tant que revenus fonciers. Et la location de places de parking sont prévue par des contrats déjà établis. Vous trouverez des modèles de contrat sur internet, ou auprès de votre agence immobilière. La loi du 6 juillet 1989 dit qu'un parking peut être loué sans ce genre de contrat uniquement s'il est indépendant d'un logement. Mais lors des réflexions, il s'avère que les parkings indépendants sont généralement moins loués, surtout si ces parkings ne possèdent qu'une place de stationnement.

Les parkings peuvent être soumis à des directives provenant des communes. Renseignez vous sur la dépendance entre votre bien immobilier et la mairie de votre ville d'investissement.

La mairie pourra vous fournir l'IRL, l'Indice de Référence des Loyers, ce document est disponible pour les biens immobiliers classiques, d'où l'importance de se rapprocher de la mairie pour un investissement foncier.

Stratégie de la rénovation

L'analyse d'un bien se fait pour savoir si celui-ci a du potentiel, et plairait éventuellement à des locataires pour de la location courte ou longue durée. Mais vous pouvez avoir une stratégie de rénovation dans vos investissements.

Visiter et acheter des bien immobile en ruine, cela se fait ! Évidemment, il faut aimer les travaux, ou pouvoir suivre l'avancée des travaux par des prestataires. Certains optent pour l'achat de ruines, tandis que d'autres achètent des biens ou il y a seulement quelques travaux à faire.

Même si les travaux ne sont pas nombreux et ne coûtent pas forcément chère, la maison peut avoir une plue-value très intéressante après les travaux.

La rénovation et l'amélioration représente une plue-value en capitale, mais une plue-value sur chaque loyers perçu. L'argent perçu dans les loyers ou dans la plus value de la maison n'est pas proportionnel à l'argent investi dans le bien immobilier. Il suffit de faire des améliorations aux bons endroits pour améliorer significativement la valeur perçue par une agence ou des prospects potentiels. Par exemple, ajouter une véranda ajoute tous de suite de la valeur réelle, le prospect s'imagine dans cette véranda lors de sa visite, avec une vue sur le jardin..

Le cas inverse est valable. Un vendeur peut injecter 5000 euros dans un parquet ou un vitrage, ce qui augmentera moins la valeur perçue par le client.

Les travaux sont utiles, mais il faut réfléchir à la question de la valeur avant de se lancer. Pour chaque bien, il y a une possibilité d'ajout de valeur. Ce sont des choix stratégiques. Les émissions de télé sur l'achat/vente de bien immobiliers reposent sur cette stratégie. Même si parfois, ce ne sont pas de gros travaux, mais juste des améliorations d'espace et de décoration : la maison ou l'appartement gagne en valeur, et le bien finit par être acheté ou vendu.

Mais comment effectuer ces travaux ?

Les travaux de rénovation ou de construction peuvent intervenir de différentes façons. Dans beaucoup de cas, les investisseurs apprennent à bricoler et savent faire beaucoup de choses. Enfin c'était une tendance des années passées. De plus en plus, les travaux sont délégués à des organismes spécialisés, ou à des artisans spécialistes eux aussi.

Les travaux effectués sur des ruines coûtent plus chère, il faut parfois enlever l'existant, il y a un coût de démontage, mais il y a aussi des coûts de planification, par exemple avec un architecte et la mise en cadastre du bien.

Que cela soit l'achat de ruines ou les petites rénovations, que cela soit fait par des artisans ou des grandes entreprises, il y a aujourd'hui un grand avantage à construire : c'est celui de la défiscalisation. Payer de la ressource pour fabriquer un bien, ou payer de la main d'œuvre, cela veut dire investir pour la nation et pour son développement. À partir de ce point, c'est normal que la plupart des travaux pour des biens immobiles peuvent être déduits de vos impôts. Vous pouvez faire cela avec de la main d'œuvre, avec du matériel, mais également avec les coûts annexe et liés aux travaux, comme l'essence et les paniers repas sur les jours de travail.
Des investisseurs achètent toujours de plus en plus de biens, car cela leur permet de faire des travaux, et de moins payer d'impôt, en plus d'améliorer le parc immobilier.

Vous l'avez compris, les travaux sont un effet de levier supplémentaire et non négligeable dans le domaine. Si vous n'avez pas mis en place ces techniques, il est légitime de se poser les bonnes questions des la visite et avant l'achat du bien.

Note : pensez à garder une trace de toutes les dépenses liées à vos travaux, pour prouver celles-ci et avoir plus de facilité à la défiscalisation.

Stratégie de la division

Un autre effet de levier dans l'investissement immobilier est celui de la division. La stratégie de division consiste à acheter un bien, puis à le diviser en plusieurs biens. Concrètement, vous pouvez aménager deux entrées et cloisonner une maison, afin d'avoir deux locataires. Cette stratégie fonctionne avec les grandes maisons, et permet de décupler la rentabilité de celle-ci. Bien évidemment, il va falloir trouver davantage de locataires, mais cela vaut vraiment le coup. Beaucoup de maisons d'époque sont rénovées par la stratégie de division, ce qui donne place à des appartements.
Un bien peut aussi être conçu pour accueillir une colocation. Il suffira pour cela d'aménager plusieurs chambres et un espace commun.

Pour bien faire la division de la maison, il faut procéder à une analyse poussée de l'espace disponible. Si vous avez la possibilité de faire plusieurs entrées, ou dans le pire scénario, un espace d'entrée commun comme un couloir, et que vous avez assez d'espace, alors vous pouvez diviser la maison en deux. N'oubliez pas d'ajouter un compteur électrique en plus, et une arrivée d'eau. Si vous ne pouvez pas faire tout cela, il sera préférable de créer une colocation.

Optimiser l'espace, c'est regarder la maison d'un autre angle, afin de trouver où gagner de la place, un simple changement de meuble, un ajout/démolition d'un mur peut tout changer.

Il conviendra aussi d'analyser la hauteur disponible pour créer des espaces en hauteur comme des mezzanines.

Stratégie des anomalies de marchés

Les anomalies de marchés sont plus rares à trouver, c'est une stratégie réservée aux plus expérimentés, ou aux plus aguerris. Elle consiste à acheter des biens qui sortent du lot, et qui sont considérés comme des anomalies de marché.

C'est dans cette stratégie que l'on fait des bonnes affaires uniquement à l'achat d'un bien, sans le modifier. C'est ici que la richesse peut commencer, mais c'est aussi un travail plus fastidieux.

Les anomalies de marché sont des biens qui sortent de la moyenne. Si la moyenne des prix des loyers d'une ville est égale à 25€/mètre carré. Alors on considérera une anomalie de marché si l'on trouve une maison ou un appartement à 22€/mètre carré dans cette même ville. Ces montants sont hypothétiques, mais ils illustrent bien ce concept d'anomalie.
Pour bien investir, il faudra comparer ce qui est comparable, et bien calculer votre coup.

Pour acheter une anomalie de marché, il faut s'en rendre compte avant les autres, ou alors l'enchère de la maison va monter et vous n'aurez pas votre chance. C'est de la recherche, et du temps, alors préparez vous à passer des heures à éplucher les documents, les annonces immobilières, et à faire vos calculs.

Voici les différentes formes d'anomalie de marché :
- Prix du loyer atypique
- Prix de vente atypique
- Équipement atypique
- Contexte atypique

Bien évidemment, il faudra considérer un secteur prédéfini lors de vos recherches, pour la stratégie des anomalies de marché, le secteur est à l'échelle d'une ville où d'une communauté de commune.

Les ventes privées et les contacts sont des bons moyens de trouver ces anomalies, c'est aussi pour cela que ces biens sont plus difficiles à trouver, et à acquérir. De plus, une plue-value peut être facilement faite à la revente du bien.

Modalités d'achat

Acheter une maison ou un appartement, c'est aussi un ensemble de modalités qu'il faut concevoir, afin d'avoir une vision d'ensemble du projet et de ce qu'il est possible de faire.

Premièrement, il faut prendre en compte la temporalité de l'achat. Pour combien de temps comptez-vous détenir le bien immobilier que vous avez en projet ? Des investisseurs utilisent la technique du "buy and hold" qui signifie "acheter et garder". Cette technique consiste à accumuler un patrimoine sans en récolter les plue-values dans le court terme, mais en récoltant les loyers. Cette stratégie transforme le stock d'argent d'un investisseur en flux mensuel. C'est une stratégie de pérennisation, et c'est une méthode reconnue.

Un deuxième groupe d'investisseurs investissent dans des maisons ou des groupements immobiliers, afin de créer une plue-value à l'aide de travaux ou simplement en attente d'une montée du marché de l'immobilier. C'est à dire la valeure perçue du peuple face à la pierre.

Ensuite, il faut se poser la question de la détention du bien, qui va le détenir ?
C'est une question toute bête qui trouve tout de suite sa réponse selon de nombreuses personnes non habituées à l'investissement en immobilier. Contrairement à ce que la plupart des personnes pensent, ce n'est pas toujours les particuliers qui détiennent les maisons et appartements. Enfin, pas exactement…
Les investissements peuvent se faire par des particuliers, mais aux travers d'entreprises spécialisées. Concrètement, au lieu d'acheter un bien qui vous appartient. Vous achetez un bien au nom d'une entreprise qui vous appartient.
Cela s'appelle une SCI, Société Civile Immobilière. Une telle permet de séparer l'entité physique de l'entité morale. Détenir un bien à son nom n'est pas du tout la même chose que détenir un bien à titre professionnel.

Les avantages de ce genre de structures sont nombreux, la transmission du patrimoine est facilitée, et les résultats financiers aussi. Une SCI offre aussi une flexibilité dans le régime fiscal. C'est un bon point d'avoir plusieurs options sur la manière de payer un impôt.

Les SCI permettent aussi d'investir à plusieurs dans un patrimoine immobilier puisque tous le monde peut investir dans une entreprise. Cette solution est souvent choisie lors d'investissement familial ou amical.

Les personnes riches et intelligentes financièrement utilisent leurs entreprises pour acheter des biens. Ces entreprises peuvent endosser la responsabilité juridique, et endosser les dépenses liées à l'activité de l'entreprise. D'une manière plus générale, les personnes cultivées financièrement utilisent très peu l'achat au titre de leurs seules personnes, mais font beaucoup plus avec leurs entreprises.

La SCI a aussi des inconvénients, parmi eux : la complexité. Effectivement, créer une entreprise demande une compétence et une gestion supplémentaires. Cela demande des décisions et des votes liés à tous les acteurs de l'entreprise, mais aussi une gestion comptable et fiscale de l'entité.

Il faudra rédiger les différents statuts, participer à des assemblées générales, gérer l'immatriculation RCS, publier des bilans…. C'est une gestion que certains ne veulent pas, et c'est compréhensible.

Après la temporalité d'achat d'un bien, et les SCI, il reste une autre modalité à prendre en compte, celle de l'achat a l'étranger. Peu de personnes investissent à l'étranger, cela est dû à une peur de ne pas pouvoir se rendre directement et rapidement dans le lieu de l'investissement. C'est vrai, investir a l'étranger représente une difficulté supplémentaire, surtout pour un premier investissement, mais sachez que le cadre fiscal de certains pays, et leurs propres lois peuvent être avantageux pour vous. De plus, il y a des techniques pour éviter d'avoir à se déplacer, parlez-en à votre agence immobilière. L'investissement a l'étranger peut s'avérer très lucratif, mais cela peut vite devenir un calvaire si c'est mal fait, renseignez vous alors sur ce points dans d'autres sources. Ce seul point mériterait un livre à lui seul.

Cette section a permis de clarifier différents points pour investir différemment. Si certains points vous intéressent, je vous invite à étudier de plus près, et à faire vos propres calculs financiers pour déterminer si ces choix et stratégies sont pertinents dans votre situation.

Entretien de l'actif

Pour obtenir le meilleur de la rentabilité sur un actif, il faut l'entretenir. Si l'immobilier est très largement préféré par rapport à la bourse, la bourse a le mérite d'être au moins plus passive. Les biens immobiliers sont très rentables, et peut-être plus sécurisés, mais ont besoin d'entretiens. Ce n'est pas ici un nouveau métier, mais il ne faut quand même pas s'imaginer que le bien peut rester sans entretien.

Comment entretenir ses logements ?

La valeur intrinsèque d'un bien, son potentiel, ne change pas si celui-ci ne subit pas de travaux majeurs, mais sa valeur perçue est sujet à des variations en fonction des petits travaux mineurs et aménagements.

Vous pouvez donc entretenir votre logement de beaucoup de façons différentes, mais il y a deux facettes de l'entretien d'un bien. Entretenir celui-ci quand il est occupé par des locataires, et l'entretenir lorsqu'il est vide et que vous avez accès à l'entièreté du logement.

Lorsque le logement est loué, vous pouvez faire des entretiens avec l'accord du locataire. Vous vous rendrez compte assez tôt dans la location que le locataire va prendre l'initiative de vous appeler à chaque entretien. Cela peut être rébarbatif, mais il faut voir cela comme un suivi qualité perpétuel. Si vous répondez correctement aux attentes des locataires concernant les entretiens, alors vous serez sûr que votre logement est de bonne qualité. De temps à autre, vous pouvez inclure un complément avec une analyse d'isolation ou de la toiture par exemple.
Prendre l'initiative d'appeler le locataire pour lui demander ce qui ne va pas dans le logement est aussi un signe positif, sans que cela dérange le locataire.

C'est le locataire qui vit dans votre bien, c'est lui qui est aux premières loges pour juger des entretiens à effectuer.

Si c'est le locataire qui casse un équipement, vérifiez que vous êtes assurés correctement, de nombreuses assurances prennent en charge ce genre de sinistres.

Lorsqu'il faut changer un équipement comme un radiateur ou une chaudière. Prenez soin de prendre des appareils de bonne qualité. Même si la facture sera plus onéreuse, vous vous achèterez une tranquillité certaine, une meilleure rentabilité prouvé sur le long terme, ainsi qu'une valeur perçue plus grande pour le logement.

Lorsque le logement est vide, ou vient de se vider de ses derniers locataires : C'est le grand moment pour faire une remise en état générale.
Quand personne n'est présent dans le logement, vous reprenez tous vos droits, c'est-à- dire que vous pouvez tous modifier. La majorité des propriétaires commencent à faire une analyse de ce qui ne va pas dans le logement, en s'appuyant de l'état des lieux sortant des locataires. Cette analyse vous en dira plus sur ce qui est à faire avant la prochaine mise en location. Il faudra procéder à tous les changements d'équipement qui dysfonctionnent, ainsi que toutes les dégradations effectuées.

La caution des locataires peut servir en cas de besoin, selon la gravité de la situation. Si vous ne voulez pas mettre tout à neuf, ou que vous n'avez pas le budget, libre à vous, mais cela aura tendance à diminuer la valeur de votre bien après plusieurs locations.

C'est le moment pour de nombreux propriétaires de créer de la valeur avec un ajout d'équipement et de matériels, ou un aménagement de l'espace. Pour ce faire, les avis des différents locataires comptent beaucoup : Ils ont vécu dans l'espace, ils savent comment améliorer celui-ci. N'hésitez pas à prendre contact avec le plus de personnes possible pour recueillir des avis, afin de savoir comment aménager de l'espace et/ou créer de la valeur.

Pour l'entretien des logements et les travaux mineurs, des agences immobilières proposent des forfaits avec des enveloppes allouées aux réparations. C'est un avantage de passer par une agence, non négligeable. Selon votre bien et vos prévisions, vous pouvez choisir de prendre cette option forfait de rénovation, c'est un calcul a faire.

Vous pouvez souscrire à des assurances multirisques, qui vous aideront à subvenir a ces différentes dépenses. La négociation des contrats d'assurances sont primordiale pour obtenir une bonne rentabilité.

Trouver des locataires

L'achat, la maintenance des biens immobiliers sont déjà très complexes et nécessitent des connaissances. Il ne faudra pas non plus devenir un commercial, mais l'activité immobilière demande de savoir trouver des locataires, afin d'avoir un taux d'occupation élevé.

L'acquisition des locataires est plutôt facile lorsque l'on connaît les différents canaux de diffusions.

Une première méthode pour acquérir des locataires bien évidemment le petit panneau "A louer" sur votre bien. Cette méthode fonctionne particulièrement bien lorsque la propriété est située sur un axe ou il y a du trafic. Votre agence immobilière doit vous proposer ce service, si vous ne passez pas par une agence, alors il faudra fabriquer une affiche, c'est nécessaire. Avec votre numéro de téléphone et une inscription "À LOUER". Veillez à placer cette affiche sur la face de la maison qui est la plus observée. Si vous n'êtes pas sûr, alors posez des affiches sur plusieurs faces de la propriété.

Si vous possédez un appartement en hauteur, et que votre affiche n'est pas visible, vous pouvez demander à la copropriété l'autorisation de mettre votre affiche à l'entrée de l'immeuble.

Une seconde méthode d'acquisition de locataire est la publication d'annonces sur des sites web comme Ebay, ou leboncoin.

Pour publier une annonce, il faut être le plus complet possible. Spécifier les caractéristiques techniques est important pour aider le prospect à s'imaginer dans le logement. Le nombre de mètres carrés doit être inscrit, ainsi que le nombre de pièces, le nombre de chambres et de couchage, ainsi qu'une liste d'équipement optionnel ou déjà présent.

Les photographies dans l'annonce doivent être représentatives du lieu.

Notez que les annonces avec des photographies sont largement plus consultées que les annonces sans photographies. Si vous voulez obtenir un taux de réponse plus grand, soignez vos annonces et postez des photographies. Incluez un numéro de téléphone pour que les prospect puissent vous joindre.

Une autre méthode est la publicité. Bien que réservés aux plus expérimentés, la publicité permet d'obtenir du trafic. Elle prend la forme de publicité en ligne sur les grands sites célèbres, ou dans les panneaux publicitaires payants mis à disposition dans les villes. Des cartes de visites imprimés mises à disposition dans les commerces sont aussi un très bon moyen d'avoir de la visibilité.

Si vous faites de la location court-terme, vous pouvez utiliser les mêmes méthodes, en spécifiant "court terme" ou "pour vacances". De plus, il sera en revanche nécessaire de s'inscrire sur des plateformes comme AirBNB ou des alternatives.

Faut-il louer un logement déjà meublé ?

Voici un autre dilemme de la location. Faut-il faire de la location meublée, ou proposer un logement vide et laisser les occupants aménager le bien ?

Vide ou meublé, cela impacte la rentabilité !
Si vous décidez de louer vos biens déjà meublés, alors vous pourrez prétendre à des loyers plus élevés. Pour un loyer de 600 euros en non meublé, il faut compter

720 euros avec le même appartement meublé. Soit près de 20% en plus. Par ailleurs, la fiscalité d'un appartement déjà meublé est plus clémente. Vous êtes dans la catégorie LMNP (Loueur en meublé non professionnel.

Louer une maison ou un appartement meublé s'apparente à des points positifs, mais il faut faire la part des choses. Oui ces biens représentent une meilleure rentabilité, mais le public visé est différent.

Les personnes qui s'intéressent au bien meublé sont des personnes qui ne veulent pas rester longtemps dans le logement (en moyenne). Par conséquent, il y a beaucoup de personnes en situation instable, ou étudiant par exemple. Avoir un public instable, et qui reste moins longtemps dans vos logements, n'est pas un point positif. Je conseille donc la location de bien meublés aux personnes qui sont prêtes à chercher plus souvent des locataires.

Pour constituer un logement meublé, il faut acheter des meubles, et donc choisir un style de décoration. Vous pouvez faire appel à un décorateur d'intérieur, mais ces choses sont fréquemment faites par les investisseurs. Choisir un style (rustique, moderne,..) de meuble est un choix difficile. Il faudra regarder ici le public cible, et concevoir le style qui correspond au public.

Ensuite, le mot d'ordre est neutralité, et cohérence. Vos meubles et l'agencement des matériaux doivent cohabiter et mettre en valeur votre appartement ou maison.

La qualité des meubles doit être au rendez-vous, sous peine de repasser à la caisse régulièrement.

Pour la location court-terme, les biens déjà meublés sont primordiaux et constitue un prérequis pour avoir du public. Parlons justement de la durée moyenne de location.

Avantages et inconvénients de la location court-terme ?

La location court-terme est t-elle plus avantageuse que la location long-terme ?

Commençons par la location court-terme. Elle est faite pour le tourisme, ou pour la location pendant le temps d'un travail en déplacement par exemple. Globalement, la location court-terme offre plus d'intimité à des particuliers qui cherchent à se loger momentanément. Cela offre aussi à ces personnes du confort et de l'espace. C'est plus confortable que l'hôtel, c'est bien évidemment plus onéreux.

La location court terme est beaucoup plus lucrative si le bien est occupé régulièrement. Il faut privilégier ce type de location dans les secteurs qui sont actifs en termes de tourisme, et bien choisir la cible du logement. Il faut regarder la concurrence et leurs prix pour établir une base de calcul.

Pour faire de la location courte durée, il faut trouver des clients, et nettoyer après chaque visite. C'est donc plus rentable, mais il faut un peu plus de temps. C'est donc un mode très lucratif, mais qui n'est pas adapté à tous.

Des solutions comme les boîtes à clefs permettent aux individus d'ouvrir une porte sans remise de clef . Vous pouvez embaucher du personnel pour le nettoyage si vous voulez libérer du temps. N'oublions pas que ces dépenses peuvent être déduite des impôts.

Comparons maintenant les caractéristiques de la location courte durée, à la location plus classique de longue durée.

La location longue durée est plus traditionnelle et plus ancienne. Elle est faite pour des particuliers qui veulent se sentir chez eux. Elle existe pour laisser la place aux locataires pendant des années, avec un réel déménagement et une impression de chez-soi. Dans la location longue durée, les locataires ont un droit de modification mineure, tous cela est établi lors des contrats de location (bail).

Cette location plus traditionnelle est effectivement moins rentable que la location courte durée, ou saisonnière. mais elle a l'avantage d'offrir de la sécurité, et des revenus plus passif.

Quoi qu'il en soit, les règles pour acheter ou vendre un bien sont identiques. Le mode de location n'est qu'une variable à prendre en compte, comme beaucoup d'autres lors d'un achat immobilier.

Conclusion

L'immobilier est l'investissement préféré des français. La pierre a toujours inspiré la confiance malgré les crises. Le domaine immobilier n'est pas très complexe. A vrai dire, il fait surtout peur, parce que les enjeux sont importants. Nous avons vu que nous pouvions diminuer ces enjeux en faisant des investissements plus petits comme des parkings ou des boxs, et aussi en utilisant des stratégies comme la division.
L'immobilier est une activité à tendance passive, cela ne signifie pas qu'il ne faut rien faire pour avoir des redevances, mais cela veut dire que l'on peut appuyer sur certains leviers pour avoir une passivité certaine.

Avec ces effets de leviers et ces stratégies, les particuliers ne doivent plus avoir peur de l'investissement. Au contraire, ils doivent accumuler un patrimoine pour transformer leurs stock d'argents en sommeil, en flux d'argent réel mensuel.

Cette activité immobilière est encadrée par un ensemble de règles et de lois, qui peuvent protéger les propriétaires ou les locataires, selon les circonstances. Les gouvernements adorent la pierre, et la population aura toujours ce besoin essentiel de se loger, alors pourquoi pas aider la population à se loger en louant un bien ? Ce devoir est d'autant plus plaisant si l'on ajoute de la valeur au patrimoine immobilier français.

Un bien peut s'acheter avec un crédit, et peut s'auto-financer si l'investissement est bien réalisé. Comme dans tous les domaines, il faut accumuler de la connaissance, et devenir sachant. Ce sont les connaissances, suivi de l'expérience,qui feront de vous de bons investisseurs rentables.

Merci pour votre lecture.

www.ingramcontent.com/pod-product-compliance
Lightning Source LLC
Chambersburg PA
CBHW070514220526
45467CB00002B/664